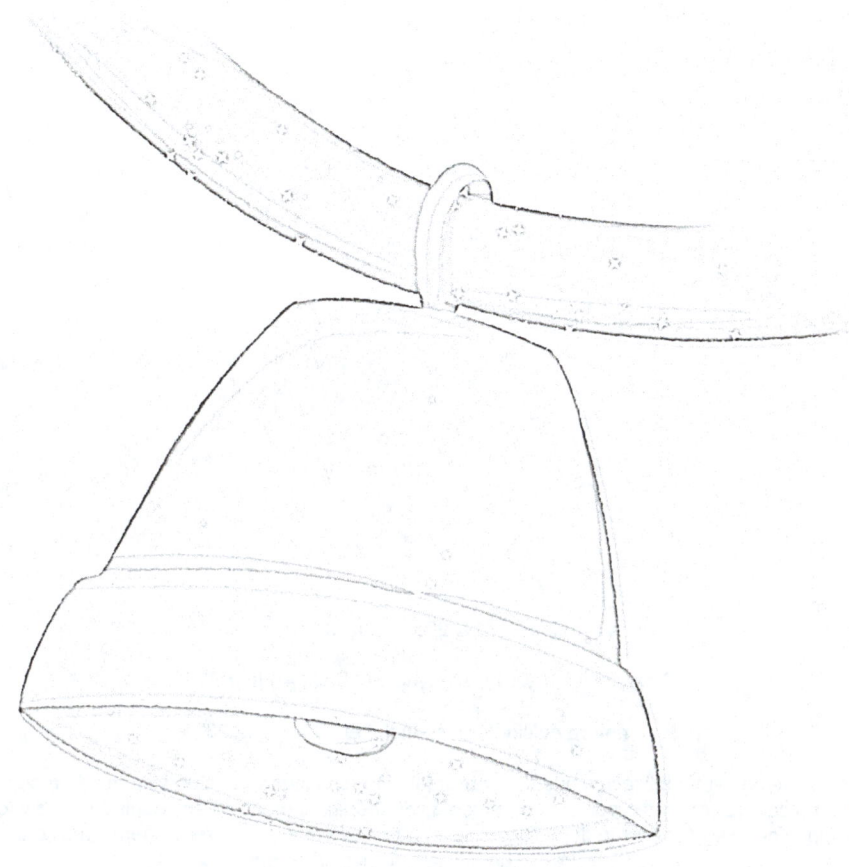

Andrew Thiriot™
Books
andrewthiriot.com

NAVIDAD
CON EL
NIÑO JESÚS

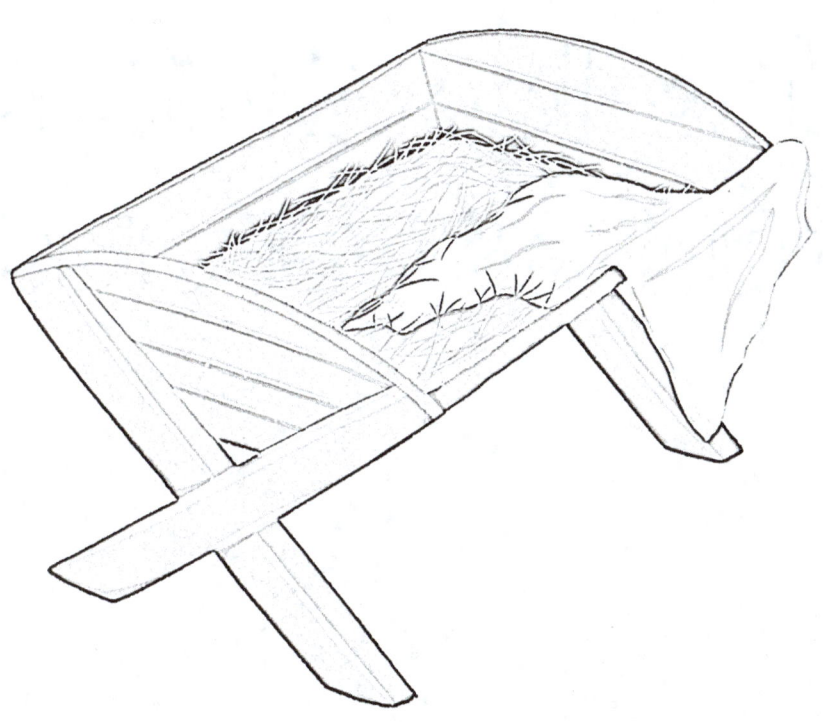

de Andrew Thiriot

illustrado por Lilla Vincze

Todos los animales están esperando...

Una paloma arrulla
"CUCU, CUCU"

Con pequeñas
plumas blancas

Un burro rebuzna "II-AAH, II-AAH"

Con piel y pelaje gris

Una vaca muge
"MUU, MUU"

Marrón, con
manchas blancas

Un cordero bala "BEE, BEE"

Con lana blanca rizada

Un bebé llora "BUAA, BUAA"

Hermoso, resplandeciente y tierno

Una pequeña estrella brilla "CENTELLEA, CENTELLEA"

Una señal de nuestro Padre Celestial

NACE JESÚS

Porque de tal manera
amó Dios al mundo
que ha dado a su
Hijo Unigénito,
para que todo aquel
que en él cree
no se pierda,
mas tenga vida eterna.

Juan 3:16

Sobre el Autor

Andrew Thiriot ha producido música
y canciones para niños y adultos.
A el le encanta el milagro y la paz
de la Navidad.

Visítalo en andrewthiriot.com

Sobre el Ilustrador

Lilla Vincze ha ilustrado
muchos libros para niños.
A ella le encanta el tiempo que pasa con sus
amigos y familia, especialmente en Navidad.

Visítala en Instagram: @lillu_stration

También Disponible Como:

Libro para colorear
Une los puntos
Varios idiomas
Tapa dura
Libro de bolsillo
Libro electrónico
Audiolibro
Cuento animado*

*Visita youtube.com/c/andrewthiriot

Nos encantaría saber de usted
Escríbenos visitando: andrewthiriot.com

Días Especiales
con Gente Especial™
La Serie

Desde dias festivos históricos y religiosos
hasta divertidas
celebraciones familiares.

Descubre las personas que hacen
que la vida sea memorable.

Lee en voz alta con los niños
pequeños.

Una serie de libros infantiles ilustrados a todo
color para leer en voz alta o disfrutar de una
reflexión tranquila.

Siguiente libro
andrewthiriot.com/special